# エネルギーと私たちの暮らし

## ② 日本と世界のエネルギー資源

監修：竹内純子

# はじめに

　私たちの暮らしに欠かすことができないエネルギーは、石油、石炭、天然ガス、ウラン、太陽光や風などから生み出されています。
　日本は国内で取れるエネルギー資源が非常に少なく、世界各地からの輸入にたよっています。
　エネルギーは、私たちの暮らしにとって非常に重要で、必要であるのはもちろんのこと、工業や経済にも大きく関わるため、もしも、世界からの輸入がなくなってしまったら、私たちの暮らしは成り立ちません。
　また、値段が大きく上がってしまったら、企業も生活者も苦しい状況に追い込まれてしまいます。エネルギーは、生活に必ず必要なものであって、ぜいたく品ではないので、値段を安く抑えることはとても大事なのです。
　この本では、日本のエネルギー資源の現状と、中でも生活に身近な電気エネルギーについて学びながら、世界各国のエネルギー資源についても学習していきます。
　理想的なエネルギーはありません。すべてのエネルギーや発電方法に、良い面、悪い面があります。
　多様なエネルギーや発電方法を組み合わせて使うことが必要ですが、その前提としてそれぞれの特徴を学んでいきましょう。
　日本のエネルギーの未来について、みなさんが考えるきっかけにしてください。

## この本の使い方

この本では、説明文の補助として絵や図をたくさん使っています。エネルギーの話は少し難しい部分があるので、よりみなさんが理解しやすくなる工夫がしてあります。順番に読み進めていけば、エネルギーの全体像をつかみ、さらに細かい内容まで理解できるようになっています。

**Let's try！**
本を読み進めながら、調べたり、観察したりする提案のコーナーです。

本の内容に関係していて、さらに知りたくなる内容をのせています。

# ⚡ もくじ

●はじめに・・・・・・・・・2

日本と世界のエネルギー資源 ・・・・・・・・・・・ 4

日本のエネルギー事情 ・・・・・・・・・・・・・ 6

日本のエネルギーの現状 ・・・・・・・・・・・・ 8

日本のエネルギーの歴史 ・・・・・・・・・・・・ 10

これからエネルギーの主役は電気になるの？ ・・・・・・・ 12

電気が届くまでの長い道のり ・・・・・・・・・・ 14

火力発電所のしくみ ・・・・・・・・・・・・・・ 16

　火力発電の問題点は？ ・・・・・・・・・・・・ 18

　さまざまな形で利用される天然ガス ・・・・・・・ 20

パイプライン、タンカーで運ばれる天然ガス ・・・・・・ 21

原子力発電所のしくみ ・・・・・・・・・・・・ 22

　原子力とは ・・・・・・・・・・・・・・・・ 23

　放射性物質と放射線 ・・・・・・・・・・・・ 24

　原子力の問題点 ・・・・・・・・・・・・・・ 25

　原子力発電所の事故と影響 ・・・・・・・・・・ 27

世界のエネルギー資源 ・・・・・・・・・・・・ 28

　アメリカ ・・・・・・・・・・・・・・・・・ 29

　ヨーロッパの国々 ・・・・・・・・・・・・・ 30

　ロシア ・・・・・・・・・・・・・・・・・・ 31

　中東 ・・・・・・・・・・・・・・・・・・・ 32

　インド ・・・・・・・・・・・・・・・・・・ 33

　中国 ・・・・・・・・・・・・・・・・・・・ 34

　オーストラリア ・・・・・・・・・・・・・・ 35

まとめ ・・・・・・・・・・・・・・・・・・・ 36

●おわりに・・・・・・・・・37

●さくいん・・・・・・・・・38

＊この本の内容や情報は制作時点（2024年12月）のものであり、今後内容に変更が生じる場合があります。

# 資源

日本はエネルギー資源に乏しいので、世界中からエネルギー資源を買い集めています。もしエネルギー資源の価格が上がったり、安定的に輸入することが難しくなったりすれば、私たちの暮らしが成り立ちません。
欠点のない理想的なエネルギーはありません。それぞれの特徴を生かしながらうまく組み合わせて、できるだけ安定的に、安価に、環境にも配慮しながらエネルギーを確保することが大切です。

# 日本のエネルギー事情

戦後、経済が発展するとともに日本のエネルギー消費量は増えてきましたが、2000年以降からは横ばい、あるいは少しずつ減る方向にあります。

## ⚡ 家庭でのエネルギー消費

日本の家庭でのエネルギー消費量は全体消費量の15％です（2022年）。ライフスタイルの変化で、1973年の消費量は、1965年の1.7倍、2005年には2倍以上に増えました。その後、省エネ技術が普及し、2022年には1973年と同じくらいになっています。

### ■世帯当たりのエネルギー消費原単位と用途別エネルギー消費の推移

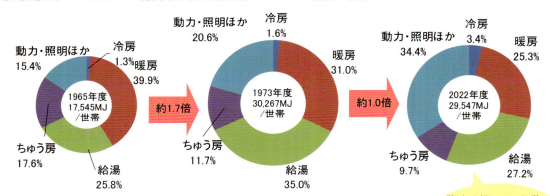

動力・照明ほかと冷房の占める割合は、1965年の2倍以上になっているね

（注）「総合エネルギー統計」は、1990年度以降、数値の算出方法が変更されている。
出典：経済産業省「エネルギー白書2024」（図【第212-2-5】）
資料：資源エネルギー庁「総合エネルギー統計」、総務省「住民基本台帳に基づく人口、人口動態及び世帯数」、日本エネルギー経済研究所「エネルギー・経済統計要覧」を基に作成

石油を燃やす石油ストーブやファンヒーターが減って、電気で冷暖房を行うルームエアコンの保有台数が増えています。また、1990年代からパソコンや温水洗浄便座などの普及が進んでいます。

### ■家庭用のエネルギー消費機器の保有状況の推移

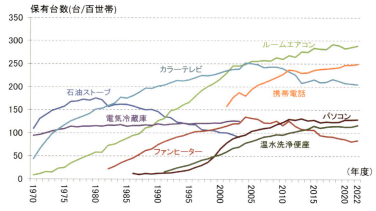

（注）カラーテレビのうち、ブラウン管テレビは2012年度調査で終了。
出典：経済産業省「エネルギー白書2024」（図【第212-2-3】）
資料：内閣府「消費動向調査（二人以上の世帯）」を基に作成

## 産業でのエネルギー消費

日本は、自動車や鉄などを製造して海外に売っており、エネルギーの消費が最も多いのは製造業です。1960年代にエネルギーの主役が石炭から石油へ変わりましたが、1970年代の石油危機を経て、省エネと原子力や天然ガスなどへの多角化が進められました。

海外に輸出されるたくさんの日本車

## 日本のエネルギー自給率は"13.3%"

日本は化石燃料への依存度が高く、さらに石油・石炭・天然ガスのほとんどを海外から輸入しているので、エネルギー自給率は13.3%と低いです。エネルギー自給率は、資源がなくても原子力を活用しているフランスや韓国、再生可能エネルギーを活用しているドイツやスペインのように、国によってそれぞれ特徴があります。

■主要国の一次エネルギー自給率比較（2021年）

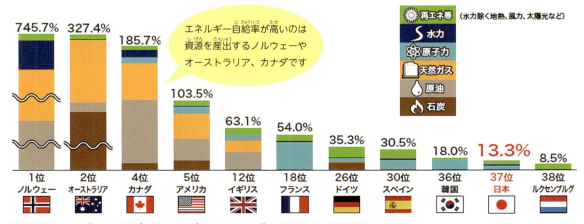

エネルギー自給率が高いのは資源を産出するノルウェーやオーストラリア、カナダです

出典：資源エネルギー庁 広報パンフレット「日本のエネルギー（2024年2月発行）」
IEA「World Energy Balances 2022」の2021年推計値、日本のみ資源エネルギー庁「総合エネルギー統計」の2021年度確報値。
※表内の順位はOECD38カ国中の順位

# 日本のエネルギーの現状

ここからは、日本のエネルギーについて、詳しく見ていきましょう。

## ⚡ 一番使われているのは化石エネルギー

日本では、石油、石炭、天然ガスなどの化石エネルギーが主に使われています。その一方で、再生可能エネルギーなど新しいエネルギーもたくさん開発されています。

■日本の一次エネルギー供給構成の推移

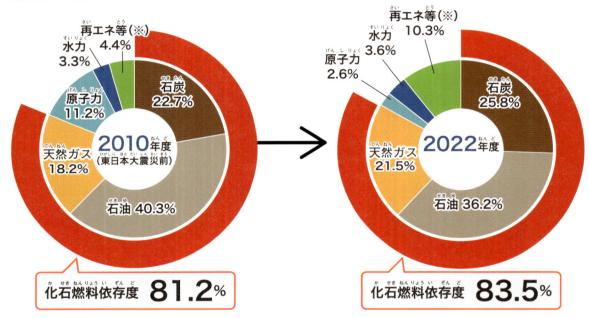

※四捨五入の関係で、合計が100％にならない場合がある。
※再エネ等（水力除く地熱、風力、太陽光など）は未活用エネルギーを含む。
出典：資源エネルギー庁 広報パンフレット「日本のエネルギー（2024年2月発行）」より一部転載
　　　資源エネルギー庁「総合エネルギー統計」の2022年度速報値

日本でも、世界全体で見ても、エネルギー供給の主役は石油、石炭、天然ガスなどの化石エネルギーです。しかし、気候変動対策の観点からそれを減らしていくことが必要です。

日本は、2011年の東日本大震災の際、原子力発電所の事故が起きたので、原子力発電所の利用が減少しています。再生可能エネルギーの増加を進めており、太陽光発電の導入量は世界で4位になっていますが、それだけでは原子力発電の減少をおぎなうことができず、化石エネルギーの比率も増加、化石燃料依存度は83.5％（2022年度）です。資源を海外に依存する日本にとって、化石燃料の利用を減らしていくことが必要です。

# 化石エネルギーはどこから輸入しているの？

日本は、世界中からエネルギー資源を輸入しています。主に石油は中東、石炭はオーストラリア、天然ガスはアメリカやアジアの国々から輸入しています。

千葉（千葉県）、四日市（三重県）、喜入（鹿児島県）など多くの基地で石油タンカーを受け入れている。名古屋港には、沖合に大型タンカーを係留して原油を受け入れる施設「シーバース」がある

石油を運ぶ石油タンカー

## ついでに勉強！COLUMN エネルギー自給率を上げる取り組み

エネルギー自給率をあげるためには、省エネによってエネルギーを使う量を減らすこと、そして、海外から輸入されるエネルギーではなく、再生可能エネルギーや原子力発電を活用することが必要です。さまざまな新しい技術の開発も進んでいますが、実際に導入されるまでに必要な時間や、安価で安定的に十分な量を確保できるかなど多様な観点から考える必要があります。

# 日本のエネルギーの歴史

日本のエネルギーは、明治以降に大きく変化しました。社会に必要なエネルギーを確保するため、さまざまな努力をしてきました。

石油
石炭
水力に依存

**ガス事業**
**電気事業**

明治初期

1887年

日本初の火力発電所、翌年水力発電所誕生！

アメリカなどの経済制裁を受けた日本は、石油資源を求めて南方に軍を進め、これが開戦のきっかけとなった

第二次世界大戦

1973年の第4次中東戦争によりオイルショックが起きた。これ以降、各種技術開発、液化天然ガスの活用、原子力発電所建設が進み、脱石油・脱中東を目指した

**2度の石油危機（オイルショック）**

黒部ダム建設の様子
資料提供：関西電力株式会社

1973,1978年

**原油価格**
**高騰**

2度の石油危機で、原油の価格が2.7倍にはね上がりました。

1950年代、電力不足を解消するため、黒部ダムをはじめとした水力発電所を建設。また、火力発電所の建設も進められた

■一次エネルギー国内供給の推移

関西電力 高浜発電所

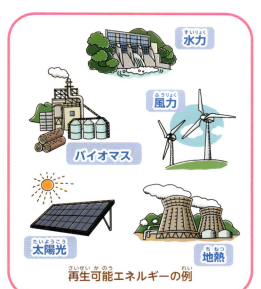
再生可能エネルギーの例

天然ガスのガスタンク

京都議定書のもと二酸化炭素削減を進めつつ、エネルギーの供給を支えるために天然ガス・原子力が必要だった

東京電力
福島第一原子力発電所
事故

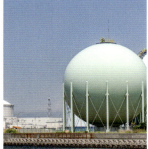

### 1997年
**京都議定書**
地球温暖化への取り組みのため、国際条約が結ばれました。
二酸化炭素などの温室効果ガスを将来どのくらい減らすかが決められました。

### 2011年
**東日本大震災**
地震と津波の浸水による電源喪失が原因で原子力発電所で深刻な事故が起きました。

### 2015年
**パリ協定**
地球温暖化を防止するために、世界の国々が協力して二酸化炭素の排出削減を目指す国際的な約束。気温上昇を抑える支援のしくみなども取り決められました。

### 2020年
**新型コロナウイルス感染症大流行**
新型コロナウイルス感染症が世界中で大流行、経済が停滞し原油がマイナス価格という歴史的な事態になりました。

11

# これからエネルギーの主役は

# 電気になるの？

ガソリンで動く自動車から
電気自動車に！

エネルギーがなければ、私たちの暮らしはとても不便になります。でもこのまま二酸化炭素を出し続けるわけにもいきません。

そのため化石燃料中心の社会から、再生可能エネルギーや原子力を活用した電気中心の社会に転換する事が求められます。またこれにより、エネルギーの自給率も高められます。

また、デジタル化が進むこともあり、だんだんとエネルギー全体に占める電気の比率が上がっていくと考えられています。

# 電気が届くまでの長い道のり

火力発電、水力発電、原子力発電などで作られた電気は、送電線、変電所を経由して、家庭や学校、電車など電気を必要としている場所に届けられます。

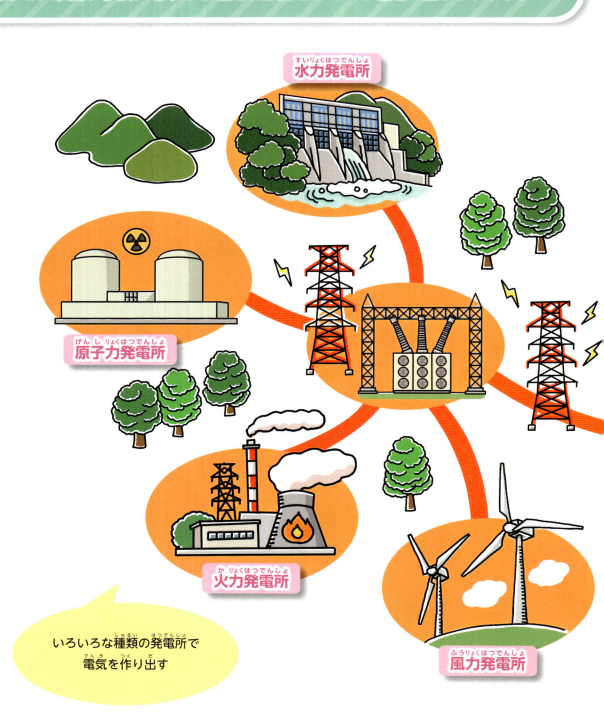

## 電気は究極の生鮮品

発電所で作られた電気は、「一瞬」で私たちの家に届けられます。さらに、工場や家庭で保存することが難しいのも究極の「生鮮品」と言われるゆえんです。

太陽光発電所

変電所を通り、家庭や学校、工場などへ

# 火力発電所のしくみ

日本の発電の中心は火力発電で、発電量の70％以上を占めています。火力発電で使われているエネルギーは主に石炭と天然ガスです。

## ⚡ 火力発電所はこうなっている！

化石燃料を燃やして水をわかして、蒸気を発生させタービンを回して発電します。二酸化炭素を出すことが問題視されています。

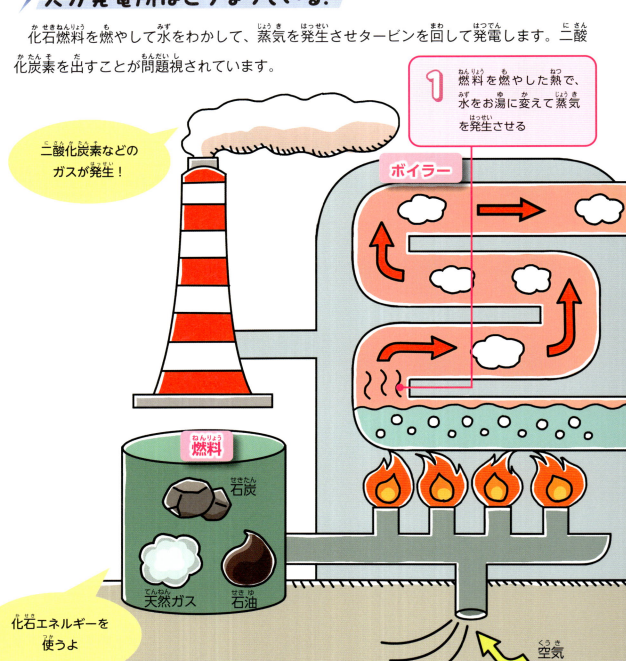

## 火力発電のメリット・デメリット

**メリット**
・安定して電気を作れる
・電気の量を調整できる
・石油や石炭などは備蓄できる

**デメリット**
・二酸化炭素が発生する
・燃料が輸入なので価格が安定しない
・化石エネルギーは有限なので、将来なくなる可能性がある

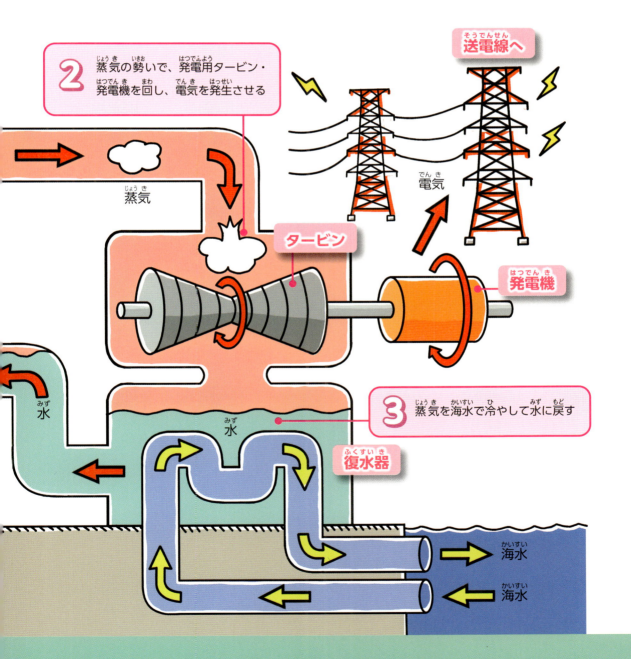

17

# 火力発電の問題点は？

現在、日本の発電でもっとも割合が多い火力発電。安定的に電気が作れるなどのメリットが多い一方で、深刻な問題点も指摘されています。

## 1 気候変動の問題

気候変動の原因の一つが、化石燃料を燃やすことによって出る二酸化炭素だと言われています。ただし化石燃料の中でも天然ガスは、石油や石炭などと比べて二酸化炭素の排出量が少ないため、天然ガス発電に切り替える動きも出ています。

1890年の観測開始以降、地球の平均気温は100年あたり0.77℃の割合で上昇していて、2024年は観測史上最も暑い一年になりました。

### 気温上昇の原因は「温室効果ガス」

大気中には、さまざまな気体が存在しています。その中でも、二酸化炭素などの温室効果ガスには、地球を温める効果があります。産業革命以降は、その量が増えすぎて、地球温暖化の原因となってしまっているのです。

地球温暖化のしくみ

参照：国立環境研究所の資料を基に作成

# ⚡ 気候変動による影響

気候変動によって地球の平均気温が上昇し、大きな台風や洪水などの災害が増えます。また、生態系の変化、健康被害、農作物への影響なども起こっています。

大型の台風や大洪水による被害

気候変動による干ばつや砂漠化

氷が溶けホッキョクグマの生息地が減少

## ② 原料を輸入にたよっているので価格変動が激しい

火力発電の燃料は化石エネルギー（石油・石炭・天然ガス）で、日本はそのほとんどを輸入にたよっています。化石エネルギーは、世界の情勢や経済により価格の変動が激しく、電気の価格にも影響します。

■電気料金平均単価の推移

2010年以降の電気料金の変動は……
①原子力発電を止めたことにより火力発電の稼働が増えて燃料費が増えた
②再生可能エネルギーを導入するためのコストが増えた
…これらが要因です。

原油CIF価格：輸入額に輸送料、保険料等を加えた貿易取引の価格

出典：資源エネルギー庁 広報パンフレット「日本のエネルギー（2024年2月発行）」
発受電月報、各電力会社決算資料、電力取引報等を基に作成

# さまざまな形で利用される天然ガス

天然ガスは、化石エネルギーの中では温室効果ガスの排出が比較的少ないという特徴があります。日本では液化天然ガス（LNG）として輸入して火力発電に用いられますが、アメリカやヨーロッパでは主に産業用や一般家庭（民生用）で使用されています。近年では、天然ガスを元に水素を取り出し、それを利用することも行われています。

## 天然ガスの利用法

国同士が接しているヨーロッパでは、天然ガスはパイプラインで供給され、産業用のほか家庭の暖房などに用いられています。

しかし、2022年2月に始まったロシア・ウクライナ戦争を受けて、ロシアからの天然ガス輸入を減らし、その代わり、他の国から日本と同じように液化天然ガスにして輸入する量を増やしています。

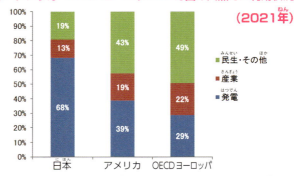

■日本・アメリカ・OECDヨーロッパ22カ国の天然ガス利用状況（2021年）

出典：経済産業省「エネルギー白書2024年」（図【第222-1-8】）
資料：IEA「World Energy Balances 2023 Edition」を基に作成

2011年の東日本大震災以降、温室効果ガスの排出が少ない天然ガスの活用が増えました。2022年度には、発電電力量に占める液化天然ガスの割合は33.8%で、最も高くなっています。

世界的にも、天然ガスの生産は1990年から2022年にかけて2.1倍に増加しています。2022年の天然ガスの生産は、シェール革命で生産量を増やした北アメリカが世界全体の30%、ヨーロッパ・ロシア・その他旧ソ連諸国が25%、中東が18%、アジア大洋州が17%です。

### ついでに勉強！COLUMN 日本の発電所の特徴

日本の火力発電所と原子力発電所は、すべて海岸沿いにあります。燃料を輸入するのに便利ですし、海水を冷却水として利用できるからです。海外では、川の水を利用する内陸の発電所も多くあります。

# パイプライン、タンカーで運ばれる天然ガス

## 天然ガスはどうやって運ばれている？

海外では、天然ガスは長大なパイプラインを使って気体のまま運びます。

しかし日本が輸入する際は、天然ガスをマイナス162℃で液体にした液化天然ガス（LNG）をタンカーで運びます。港で陸揚げした液化天然ガスを、温度を上げて気体に戻します。

日本で天然ガスが利用されるようになったのは、1960年代末の公害がきっかけです。世界で初めて東京電力と東京ガスが大規模に液化天然ガスを輸入し、その後オイルショックによる「脱石油」政策にも後押しされて、天然ガスの利用が拡大しました。

日本は大きなタンカーで天然ガスを運ぶよ！

天然ガスパイプラインの建設工事

21

# 原子力発電所のしくみ

ウランという物質を燃料として、核分裂を起こして出るエネルギーを使って発電する方法です。2011年の東日本大震災以降、発電量が減りましたが、事故を契機とした安全対策工事が行われて、工事が済んだ発電所が稼働を再開しています。

## 原子力発電の燃料・ウラン

燃料は天然ウランを濃縮して、円柱形のセラミックに加工したものをまとめて燃料集合体にして使います。

天然ウラン

原子力発電所には主に加圧水型原子炉（PWR）と沸騰水型原子炉（BWR）の2種類があります。

### 加圧水型原子炉の場合

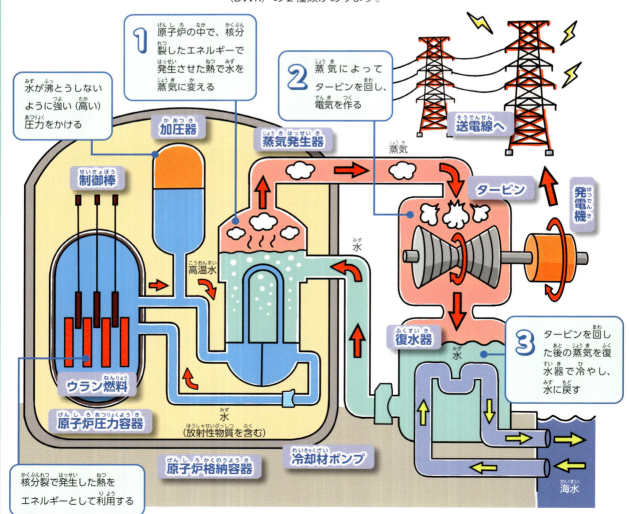

# 原子力とは

原子力とは、核分裂などの原子核反応が起こる時に出るエネルギーのことです。原子力発電は、ウランの原子が核分裂を起こす時に出るエネルギーを使って発電します。

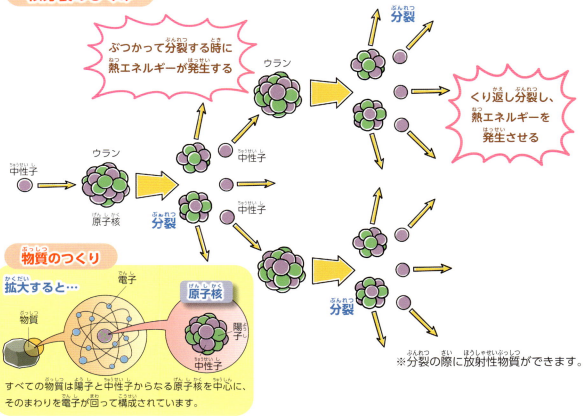

※分裂の際に放射性物質ができます。

## COLUMN ついでに勉強！ 原子力によってエネルギー自給率が上がるわけ

日本は、原子力発電に用いるウラン燃料を海外から輸入しています。しかし、原子力は「準国産のエネルギー」として扱われます。
原子炉に燃料棒を一旦装荷すると、数年にわたって発電し続けることができます。オイルショックなどの事態が生じても、長期間国内でエネルギーをまかなうことができるため、国際的なルールとして、原子力はエネルギーの自給率にカウントしてよい、とされているのです。

# 放射性物質と放射線

原子力発電はウランの核分裂によって大きなエネルギーを生み出し発電する一方で、原子炉の中には大量の放射性物質が出ます。放射性物質は、放射線を出します。

## 放射線って？

放射線とは、放射性物質から出る、小さな粒子や電磁波のことです。地球が誕生した時から存在しています。

放射線は危険な面もありますが、正しく利用すれば、私たちの生活を便利で豊かにしてくれます

### 放射線の利用

**医療での利用**
レントゲンなど病気を調べたり治療したりするために使います。

**工業での利用**
品質検査や、厚さの測定などに使います。

**農業での利用**
品質改良や、食品保存のための殺菌に使います。

**自然・人文科学での利用**
古代の遺跡や化石の年代測定に使います。

## 日常生活で受ける放射線量

私たちは日常生活の中で、機械や食べ物、空気や宇宙からも放射線を受けています。

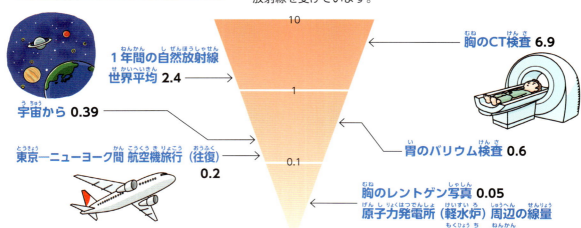

- 1年間の自然放射線 世界平均 2.4
- 宇宙から 0.39
- 東京―ニューヨーク間 航空機旅行（往復） 0.2
- 胸のCT検査 6.9
- 胃のバリウム検査 0.6
- 胸のレントゲン写真 0.05
- 原子力発電所（軽水炉）周辺の線量 目標値（年間） 0.05

単位：ミリシーベルト

出典：厚生労働省ホームページ「原爆放射線について」を基に作成

# 原子力の問題点

原子力発電は、少ないウラン燃料で大きなエネルギーを生み、二酸化炭素を出さない一方で、事故や放射性廃棄物などの問題も抱えています。

## 1 発電所事故のリスク

原子力発電所で事故が起こった場合、放射性物質が外に漏れてしまい、体や環境に悪影響を及ぼす可能性があります。

チョルノービリ（チェルノブイリ）原子力発電所事故後※の町の様子

事故後の福島第一原子力発電所

※1986年にチョルノービリ（チェルノブイリ）原子力発電所で爆発事故が起き、大量の放射性物質が放出され、多くの人や環境に被害を与えました。

### ついでに勉強！COLUMN 原子力発電の安全を求めて

各地で起きた原子力発電所の事故を教訓に、世界中で安全対策への対応が求められています。日本は福島第一原子力発電所の事故後、地震や津波、竜巻、豪雨などあらゆる自然災害や、テロに対しても対策を求めるなど、厳しい規制基準が策定されました。

九州電力 川内原子力発電所

25

## 2 放射性廃棄物の最終処分について

使用後の燃料は、放射性物質が外に漏れないように処理する必要があります。最終的に地下300m以上掘った地層の中に埋めて処分します（地層処分）。

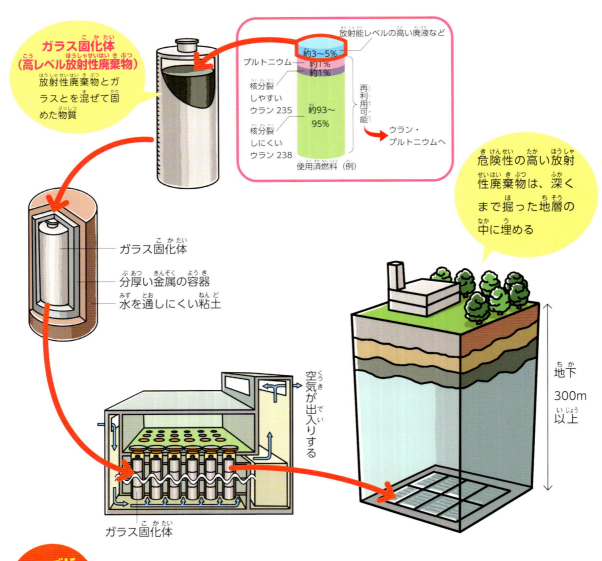

### ついでに勉強! COLUMN 最終処分（地層処分）への理解を深めるための取り組み

日本では地層処分についての理解を深めてもらうため、対話型全国説明会を開催して不安や疑問点を話し合っています。ほかにも処分地選びの科学的特性を示した地図を作成、公表するなどのさまざまな取り組みが行われています。

# 原子力発電所の事故と影響

原子力発電所の事故によって放射性物質が外に漏れると、人や自然に影響を与えることが考えられます。

■原子炉事故が起きた場合に考えられる影響

| | レベル | 事故例 |
|---|---|---|
| 事故 | 7 深刻な事故 | 旧ソ連・チョルノービリ（チェルノブイリ）原発事故（1986年）<br>日本・東京電力福島第一原子力発電所事故（2011年）※2011年4月12日にレベル7と暫定評価 |
| 事故 | 6 大事故 | |
| 事故 | 5 広範囲な影響を伴う事故 | イギリス・ウインズケール原子炉事故（1957年）<br>アメリカ・スリーマイル島発電所事故（1979年） |
| 事故 | 4 局所的な影響を伴う事故 | 日本・JCO臨界事故（1999年）<br>フランス・サンローラン発電所事故（1980年） |
| 異常な事象 | 3 重大な異常事象 | スペイン・バンデロス発電所火災事象（1989年） |
| 異常な事象 | 2 異常事象 | 日本・美浜発電所2号機蒸気発生器伝熱管損傷事象（1991年）<br>日本・大洗研究開発センター燃料研究棟における核燃料物質の飛散による作業員の被ばく（2017年） |
| 異常な事象 | 1 逸脱 | 日本・「もんじゅ」ナトリウム漏れ事故（1995年）<br>日本・敦賀発電所2号機1次冷却材漏れ（1999年）<br>日本・浜岡発電所1号機余熱除去系配管破断（2001年）<br>日本・美浜原子力発電所3号機2次系配管破損事故（2004年） |
| 尺度未満 | 0 尺度未満 | （安全上重要ではない事象） |
| 尺度未満 | 評価対象外 | （安全に関係しない事象） |

出典：環境省「放射線による健康影響等に関する統一的な基礎資料（令和5年度版）」第6章 事故の状況
IAEA「The International Nuclear and Radiological Event Scale User's Manual」、原子力災害対策本部「原子力安全に関するIAEA閣僚会議に対する日本国政府の報告書（2011年6月）」等から作成

# 世界のエネルギー資源

主要国のエネルギー資源について見ていきましょう。エネルギー消費量には、地域性や気候なども関係しているようです。

## ⚡世界のエネルギー消費、どこの国が一番多い？

日本は世界で第5位のエネルギー消費国となっています。上位は、中国、アメリカ、インド、ロシアで、これらの国は経済規模が大きく人口が多いため、エネルギー消費量も多くなっています。

■世界全体のエネルギー消費量 国別内訳（2021年）

①中国：27%　⑨ブラジル：2%
②アメリカ：16%　⑩イラン：2%
③インド：6%　⑪サウジアラビア：2%
④ロシア：5%　⑫フランス：2%
⑤日本：3%　⑬インドネシア：1%
⑥カナダ：2%　⑭イギリス：1%
⑦ドイツ：2%　⑮トルコ：1%
⑧韓国：2%　⑯メキシコ：1%

総消費量 142.1億トン※
※原油換算

出典：資源エネルギー庁「かがやけ！みんなのエネルギー」
資料：BP「Statistical Review of World Energy 2022」を基に作成

**Let's try!**
エネルギー消費量が1位の中国と5位の日本では、エネルギー構成の違いはどうなっているかな？
考えてみよう！

## ⚡世界で使われているエネルギー

世界全体のエネルギー消費量は、化石エネルギーが大半を占めています。石油は主に輸送や工業分野、石炭は発電や製鉄、天然ガスは発電や暖房、工業分野で使われています。水力発電や風力発電、太陽光発電などの再生可能エネルギーの消費量も増え始めています。木材や農業廃棄物などの有機物を燃料として利用するバイオマスエネルギー、ウランを燃料とする原子力も活用されています。

■世界全体のエネルギー消費量 資源別内訳（2021年）

水力 7%
その他 7%
原子力 4%
石炭 27%
天然ガス 24%
石油 31%
合計 142.1億トン※
化石エネルギー
※原油換算

出典：資源エネルギー庁「かがやけ！みんなのエネルギー」
資料：BP「Statistical Review of World Energy 2022」を基に作成

# アメリカ

世界で2番目にエネルギーの消費量が多いアメリカ。近年はシェールオイルの採掘技術の開発により、石油の輸出入がとても盛んになりました。また、シェールガスも採掘できることから、天然ガスは世界最大の産出国となり、世界中に輸出しています。

- 天然ガスは世界最大産出国
- 化石エネルギーを中心にしているために、二酸化炭素の排出量は、世界で二番目に多いよ
- 再生可能エネルギーの利用も年々増えている
- アメリカは、約100基の原子力発電所がある原子力大国

## ■一次エネルギー構成（2023年度）

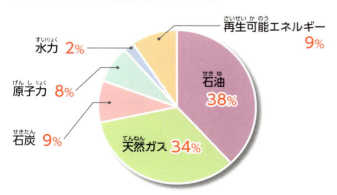

- 石油 38%
- 天然ガス 34%
- 石炭 9%
- 原子力 8%
- 水力 2%
- 再生可能エネルギー 9%

出典：2024 Energy Institute Statistical Review of World Energy
（エナジー・インスティチュート世界エネルギー統計レビュー）

## エネルギートピック

アメリカでは、新しい原子力技術（小型モジュール炉〈SMR〉など）の導入を進めると同時に、古い原子力発電所の運転期間延長も進めています。安価で安定したエネルギー供給によって、アメリカ内の産業が有利になることを目指しています。

# ヨーロッパの国々

ヨーロッパには54の国があり、エネルギーの利用もそれぞれで違います。資源が豊富ではない国も多く、フランスは原子力発電を中心とした政策、ドイツは再生可能エネルギーを中心とした政策を採用しています。

**ノルウェー**
資源が豊富な国。電力のほとんどを水力発電でまかなっている。また、石油・天然ガスの輸出国でもある

**ドイツ**
原子力や石炭の利用を減らし、再生可能エネルギー中心に発電

**イタリア**
資源が少なくほとんどを輸入。太陽光発電を中心にしようとしている

**フランス**
資源の少ないフランスのエネルギー自給率は54％（2021年）。そのうちの多くを原子力発電でまかなっている。現在動いている原子力発電所の数は世界2位（2024年）。フランス南部では、国際協力による核融合実験炉を建設中。

**エネルギートピック**
ヨーロッパの国の中には、資源が豊富ではない国もありますが、電線やガスのパイプラインがヨーロッパ中に網の目のようにつながっているため、互いに補い合うことができます。

30

# ロシア

ロシアは石油や天然ガス、石炭などのエネルギー資源がとても豊富で、エネルギー自給率も100％を超えています。エネルギー輸出大国でしたが、2022年のウクライナへの侵攻の影響で、ヨーロッパ向けをはじめとするエネルギーの輸出量が減少しています。

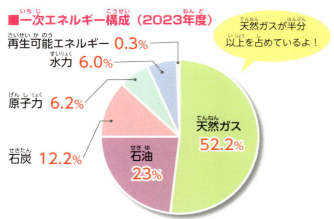

■一次エネルギー構成（2023年度）

- 再生可能エネルギー 0.3％
- 水力 6.0％
- 原子力 6.2％
- 石炭 12.2％
- 石油 23％
- 天然ガス 52.2％

天然ガスが半分以上を占めているよ！

※小数点以下を四捨五入しているため合計しても100％にはならない。
出典：2024 Energy Institute Statistical Review of World Energy
（エナジー・インスティチュート世界エネルギー統計レビュー）

### エネルギートピック

原子力発電を積極的に推進し、外国での建設もうけおっています。

# 中東

世界のエネルギー資源の中心的な存在で、石油と天然ガスの生産量が大変豊富です。世界中に輸出されており、日本も多くを輸入しています。戦争などが多い地域のため、中東諸国での出来事が石油の価格に大きく影響することがあります。

**ホルムズ海峡とスエズ運河**
石油タンカーが通るとても大切な場所。ここを通れなくなると、世界中が大きな影響を受ける

**サウジアラビア**
中東で一番大きな国。日本はサウジアラビアから一番多く石油を輸入している

## どうして中東には石油が多いの？

石油は大昔の生物の死骸から作られます。中東で石油が多くとれる理由として、生物が多く生息していた、また、石油をためやすい土地の形をしていた、などが考えられています。

## エネルギートピック

化石エネルギーは有限であるため、再生可能エネルギーへの取り組みも進められています。中東諸国は日照時間が長く、利用していない砂漠の土地も多いことから太陽光発電に大変積極的です。また、原子力発電の導入も進めています。

32

# インド

インドの人口は14億人を突破し世界でもっとも人口の多い国です。世界のエネルギー消費大国のひとつです。化石エネルギーが多く使われ、ロシアから安価な石油を輸入しています。二酸化炭素の排出量も多く、世界で第3位となっています。

- インドは、地理的に近い南アフリカからもたくさんの石炭を輸入している
- 電力需要が増加している中、原子力への期待が高まっており、原子力発電の利用を拡大する方針
- インドの石炭は、6割がオーストラリアからの輸入でまかなっている

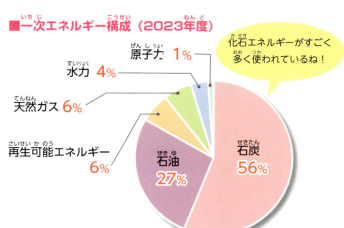

■一次エネルギー構成（2023年度）

- 原子力 1%
- 水力 4%
- 天然ガス 6%
- 再生可能エネルギー 6%
- 石油 27%
- 石炭 56%

化石エネルギーがすごく多く使われているね！

出典：2024 Energy Institute Statistical Review of World Energy
（エナジー・インスティテュート世界エネルギー統計レビュー）

## エネルギートピック

インドでは太陽光発電と風力発電の開発に積極的に取り組んでいます。2030年までに、全体のエネルギーの50％を再生可能エネルギーに移行する目標があります。

# 中国

中国はエネルギー消費量が世界一の国です。石炭が多く産出できることもあり、化石エネルギーの利用が80％程度を占めます。それによって二酸化炭素などが多く排出されて環境汚染等の問題も発生しましたが、改善傾向にあります。

- 石炭の産出がとても多い
- 世界で使用されている太陽光パネルは、8割が中国製といわれている
- 2018年に新しい原子力発電所7基が営業運転を開始、現在約50基が稼働中で、世界第3位の原子力発電大国となった
- 中国国内の送電設備が整わずエネルギーロスのトラブルも多い

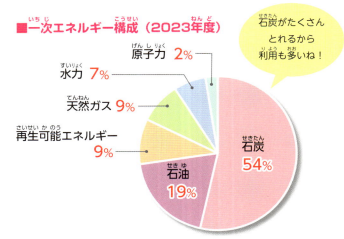

■一次エネルギー構成（2023年度）

- 原子力 2%
- 水力 7%
- 天然ガス 9%
- 再生可能エネルギー 9%
- 石油 19%
- 石炭 54%

石炭がたくさんとれるから利用も多いね！

出典：2024 Energy Institute Statistical Review of World Energy
（エナジー・インスティチュート世界エネルギー統計レビュー）

## エネルギートピック

中国では、近年エネルギー消費量の増加にともない、再生可能エネルギーや石炭火力、原子力発電など、あらゆるエネルギー手段の開発を進めています。また、環境対策として天然ガスの利用も増えています。

# オーストラリア

オーストラリアのエネルギー自給率はなんと300％以上！ エネルギー資源（石炭、ウラン、天然ガス）がとても豊富な上に、再生可能エネルギーを導入するための土地もたくさんあるためです。また、水素やアンモニアの輸出にも積極的です。

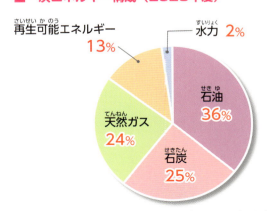

■一次エネルギー構成（2023年度）

- 再生可能エネルギー 13%
- 水力 2%
- 石油 36%
- 石炭 25%
- 天然ガス 24%

出典：2024 Energy Institute Statistical Review of World Energy
（エナジー・インスティチュート世界エネルギー統計レビュー）

## エネルギートピック

広大な国土の中部〜西部にかけて、太陽光発電、風力発電が多く設置されています。水素など、二酸化炭素を出さないエネルギー利用も積極的に行っています。

# まとめ

## 日本のエネルギー問題と現状

　日本は多くのエネルギー資源を海外から輸入しています。エネルギー資源を安定して確保することと、安価で手に入れられるようにすること、気候変動を防ぐことが大きな課題です。

## 日本のエネルギーの歴史

　日本のエネルギーの歴史は、明治時代以降に大きく変化しました。さまざまな産業の発展にエネルギー資源を必要とした日本は、国際社会の中でアメリカなどの経済制裁を受け、石油資源をめぐり第二次世界大戦となりました。

　戦後2回のオイルショックを経て以降、エネルギーの技術開発、液化天然ガスの活用、原子力発電所開発が進み、脱石油・脱中東を目指しました。その後2011年の原子力発電所事故を教訓に、原子力利用における厳しい安全規制を策定し安全管理を徹底しながら、さらに環境への負荷が少ない再生可能エネルギーの利用なども進めています。

## 電気が主役の時代に備える

　二酸化炭素を減らすためにはあらゆる取り組みをしなければなりませんが、柱となるのは、電気の発電方法を見直すと同時に、ガソリンやガス、重油・灯油などをエネルギー源としている機器を電気で動くものに変えていくことです。いまは、電気はエネルギー全体の3割程度を占めるにすぎませんが、だんだんと電気の比率が高くなっていくと考えられています。電気の作り方・エネルギーの使い方を変えるには、時間やお金がかかりますが、しっかりと取り組んでいきましょう。

　そして、だんだんと電気の比率が高くなるといっても、電気がすべてを解決できるわけではありません。化石燃料の確保や、効率的な使い方に変えることも、とて

も大切です。

　エネルギー問題を解決する決定的な一打というのはありません。多様な取り組みで、自分たちのエネルギーを少しずつより良いものにしていきましょう。

## 世界のエネルギー資源

　世界のエネルギー資源は国によってさまざまですが、近年、再生可能エネルギーの利用が増えています。環境に負荷がなく枯渇する心配がない一方、天気に左右されやすいなど課題もあります。また原子力発電の利用は世界中に拡大しています。

## おわりに

　この本では、日本のエネルギーの歴史、現状、そして世界のエネルギー資源について、たくさんのことを学びました。

　日本では、明治初期にガスや電気の事業が始まり、それから時代が進むにつれて火力発電所がたくさん作られました。そして、効率よく大きな電力を作れる原子力発電を導入し、再生可能ニネルギーの活用も増えつつあります。

　日本はエネルギー資源のほとんどを海外から輸入しています。そのため、エネルギー資源を安定して手に入れることは、とても大切な課題です。一方で、火力発電所から出る二酸化炭素が地球温暖化を進めたり、原子力発電所には安全への心配があったりするなど、どのような方法で電気を作るかは難しい問題でもあります。

　世界には、エネルギー資源を豊富に持つ国もあれば、日本と同じように資源が少なく、さまざまな工夫をする国もまた多いです。再生可能エネルギーや原子力発電をさらに活用する国も増えています。

　私たちも未来のエネルギーについて、どんなエネルギー資源があるのかや、環境に負荷をかけない選択はなにかを考えることが大切です。この本をきっかけに、エネルギーや地球の未来について家族や友だちと話し合ってみてください。

# ⚡ さくいん

**あ行**
ウラン ・・・・・・・・・・・・・・・・・・・・・・・・・・・・・・ 22, 23, 24, 25, 26, 28

エネルギー自給率 ・・・・・・・・・・・・・・・・・・・・ 7, 9, 23, 30, 31, 35

オイルショック ・・・・・・・・・・・・・・・・・・・・・・・・・・・ 10, 21, 23, 36

温室効果ガス ・・・・・・・・・・・・・・・・・・・・・・・・・・・・・・ 11, 18, 20

**か行**
外部被ばく ・・・・・・・・・・・・・・・・・・・・・・・・・・・・・・・・・・・・・・・27

核分裂 ・・・・・・・・・・・・・・・・・・・・・・・・・・・・・・・・ 22, 23, 24, 26

化石エネルギー ・・・・・・ 8, 9, 16, 17, 18, 19, 20, 28, 29, 32, 33, 34

ガラス固化体 ・・・・・・・・・・・・・・・・・・・・・・・・・・・・・・・・・・・・26

火力発電(所) ・・・・・・・・・・・・・・・ 10, 14, 16, 17, 18, 19, 20

京都議定書 ・・・・・・・・・・・・・・・・・・・・・・・・・・・・・・・・・・・・・・・11

原子 ・・・・・・・・・・・・・・・・・・・・・・・・・・・・・・・・・・・・・・・・・・23

原子核 ・・・・・・・・・・・・・・・・・・・・・・・・・・・・・・・・・・・・・・・・23

原子力 ・・・・・・・・・・・・・・・・・・・ 7, 11, 13, 23, 25, 30, 33, 36

原子力発電(所) ・・・・・・・ 8, 9, 14, 22, 23, 24, 25, 27, 29, 30, 31,
　　32, 33, 34, 36, 37

原子炉 ・・・・・・・・・・・・・・・・・・・・・・・・・・・・・・・・ 22, 24, 27

**さ行**
再生可能エネルギー・・・・ 7, 8, 9, 11, 13, 19, 28, 29, 30, 32, 33, 34,
　　35, 36, 37

シェールオイル ・・・・・・・・・・・・・・・・・・・・・・・・・・・・・・・・・29

シェールガス ・・・・・・・・・・・・・・・・・・・・・・・・・・・・・・・・・・・29

資源 ・・・・・・・・・・・・・・・・・・・・・・・・・・・・・・・ 7, 8, 30, 37

蒸気 ・・・・・・・・・・・・・・・・・・・・・・・・・・・・・・・・ 16, 17, 22

省エネ ・・・・・・・・・・・・・・・・・・・・・・・・・・・・・・・・・・ 6, 7, 9

新型コロナウイルス感染症 ・・・・・・・・・・・・・・・・・・・・・・・・・・11

水力発電(所) ・・・・・・・・・・・・・・・・・・・ 10, 14, 28, 30

スエズ運河 ・・・・・・・・・・・・・・・・・・・・・・・・・・・・・・・・・・・32